60 0378626 3

KU-615-641

# Günter Grass

# Rede vom Verlust

Über den Niedergang der politischen Kultur
im geeinten Deutschland

# Steidl

Diese Rede hielt Günter Grass am 18. November 1992
in den Münchner Kammerspielen
im Rahmen der von der Verlagsgruppe Bertelsmann
veranstalteten Reihe »Reden über Deutschland«

1. Auflage Dezember 1992
2. Auflage Dezember 1992
3. Auflage Dezember 1992
4. Auflage Februar 1993

Buchgestaltung: Günter Grass, Gerhard Steidl
Umschlagfoto: Robert Lebeck
© Steidl Verlag, Göttingen 1992
Lektorat: Helmut Frielinghaus
Alle Rechte vorbehalten
Fotos: dpa
Satz, Lithographie, Druck: Steidl, Göttingen
Printed in Germany
ISBN 3-88243-250-0

600 3786263

Den letzten Spätsommer über suchten wir, wie seit Jahren, auf einer dänischen Insel Abstand zum »schwierigen Vaterland«, wissend, wie rasch und zugreifend solch ein Daumensprung Entfernung aufgehoben wird, zumal im Krisenmonat August. Im Jahr zuvor war es der gescheiterte Putsch in der zur Neige gehenden Sowjetunion gewesen, der die Ferien bestimmt und uns radiosüchtig gemacht hatte; zwei Jahre zuvor hob die Golfkrise als Medienereignis die Insellage auf: Wir konnten nicht abschalten; und in diesem Jahr holte uns Deutschland ein.

Dabei ist die Insel Møn reich an eigenwüchsigen Sensationen. Auf weiter, den Ostseedünen vorgelagerter Sommerweide herrscht von früh bis spät Flugverkehr. Tausend und mehr Graugänse machen Zwischenhalt, üben dort das Starten und Landen. Oder es stören plötzlich Fischreiher die Gänsevölker aus träger Ruhe auf. Anhaltender Lärm, der sich schließlich selbst verschluckt. Und immer ist der Himmel über der Weide, den Dünen, der See vollgeschrieben mit Flugformationen: eine Schrift, die, entziffert, Legenden stiftet. Nichts Aktuelles quasselt dazwischen, doch könnte jederzeit Nils Holgerson landen, um wieder, aus Sicht der Graugänse, in neue Abenteuer abzuheben.

Den letzten August über blieb der Himmel so gut wie leer, nur Möwen. Der trockene Sommer hatte die Weide ausgedörrt und auf dem geräumigen Flugfeld Start- und Landeverbot erteilt. Doch die Krisen blieben, laut Radio, nicht aus. Als wären zwei Ereignisse mutwillig parallel geschaltet worden, kommentierten die sportlichen Erfolge und Mißerfolge in Barcelona, etwa die Ausscheidungsläufe zum Hundertmeterlauf der Männer oder die Lattenhöhe beim Damenhochsprung, die tägliche Zahl der Toten in Sarajewo. Die Olympischen Spiele fanden in Bosnien statt; das olympische Stadion lag in Reichweite serbischer Granatwerfer. Die Nachrichten überlappten. Gleichzeitiges Geschehen gab sich als gleichwertig aus. Hier wurden Medaillen, dort Verluste gezählt. Und im olympischen Vergnügen hob sich der Schrecken als Nebenhandlung auf. Ein jüngerer, immer reisefertiger Schriftsteller hätte, so spekulierte ich, hier und dort präsent und mit zeitraffenden Wörtern der epischen Übersicht mächtig sein können: Scharfschützen und florettfechtende Damen, Doping-Skandale und Blockadebrecher, verkürzte Nationalhymnen und der siebzehnte nichtsnutze Waffenstillstand, Feuerwerk hier und dort...

Aber nur Notizen zu Deutschland kamen in meiner Kladde zu Papier. Diese verfluchte, auf Bleisohlen abonnierte Seßhaftigkeit! Wir versuchten auf unserer Graugänse-Insel, die diesmal wenig Ablenkung zu bieten hatte, den Verstörungen des Krisenmonats zu entkommen; schließlich gab es Brombeeren reich und täglich frischen Fisch. Doch selbst zwischen den queren Augen der abgeschnittenen Flunderköpfe standen – weil in gestrige Zeitung geknüllt – Kleingedrucktes und einzelne Wörter fett: der Sprengsatz Jugoslawien und olympisches Gold beim Vierer ohne Steuermann. Später aßen wir unter dänischem Himmel die kopflosen Flundern aus der Pfanne, Anfang August.

Was macht Empfindsame so unempfindlich? Leicht reizbar, sind wir dennoch abgestumpft. Zuviel, sagt selbst der Pfarrer von der Kanzel, ist gleichzeitig los. Jetzt soll die Überfülle der Informationen schuld sein, daß die Gesellschaft – weil überinformiert – wie uninformiert vor sich hinlebt. Oder man sattelt

sein Steckenpferd: Dieser starrt aufs Ozon-
loch, jener bleibt auf die Pflegeversicherung
fixiert. Wer zu lange über das Elend der bosni-
schen Flüchtlinge jammert, versäumt, Soma-
lia und den alltäglichen Hungertod in seinen
Jammer einzubeziehen. Ist etwa die Welt aus
den Fugen, oder spielt nur, wie neuerdings
häufig, die Börse verrückt?

Als die Olympischen Spiele abgefeiert
waren, stand eine Zeitlang unangefochten
Sarajewo im Vordergrund und blieb peinlich,
weil allenfalls Nebenkriegsschauplätze vom
Versagen der europäischen Politik ablenken
wollten; doch selbst diese Europa als Schi-
märe ausweisende Schande war zum Allge-
meinplatz verkommen. Dann kam Nachricht
aus Deutschland und bestätigte den Krisenmonat August.

Eigentlich nichts Neues, nur das Alte in
vergröberter Ausgabe. Über fünfhundert
Rechtsradikale bestürmten wiederholt in

Rostock-Lichtenhagen ein Asylantenheim. Aus den Fenstern benachbarter Häuser schauten die Bürger zu und klatschten Beifall, als Steine und Molotowcocktails geworfen wurden. Später konnten die Bürger im Fernsehen sehen, wie sie zugeschaut und geklatscht hatten; einige mögen sich erkannt haben.

Eigentlich wußte man das: Nach westdeutschem Vorbild war schon in Hoyerswerda und anderswo Leistungsstärke bewiesen worden. Das war eingeübt mittlerweile, wie Fremdenhaß in Gewalt umschlägt. Auch diesmal zeigte die Polizei Verständnis für den kompakten Volkswillen und hielt sich zurück. Wenig später waren die Polizisten mit größerem Eifer damit beschäftigt, linke Gegendemonstranten abzufangen. Diese Sache, so hieß es, dürfe nicht eskalieren. Aus unserem Ferienradio tönten Politiker, die einander in jener wohlfeilen Disziplin zu übertreffen versuchten, die Betroffenheit heißt.

Doch dann mischte das Ausland sich ein, weil immer mehr Asylantenheime, in Brand geworfen, Zuschauer fanden. Fotografiertes Gebrüll, weltweit verbreitet. Der »häßliche Deutsche« wurde wiederentdeckt. Nichts lenkte mehr ab, keine Olympiade, weder Kabul noch Sarajewo. Überall stand fettgedruckt ROSTOCK. Also schrieb ich auf der dänischen Ferieninsel Notizen für diese Reise nieder; die mir übliche Zuflucht zum Manuskript und seinen episch verzweigten Fluchtgängen lag verschüttet. Einschneidendes war geschehen.

Seitdem hat sich Deutschland verändert. Hoyerswerda ließ sich noch irgendwie wegschummeln, doch seit Rostock sind alle Beteuerungen aus Zeiten der Einheitsseligkeit entwertet. Jener bis in die Spalten des Feuilletons hinein hochgejubelte Triumph, der das Ende der Nachkriegszeit und eine abermalige Stunde

Null verkündete, jene Feststimmung, die ein geeintes Deutschland auf den Sockel hob, dem endlich, weil nunmehr frei von verjährter Last, ein neues Geschichtskapitel bis zur Druckreife geschrieben werden dürfe – und ein Dutzend beflissener Geschichtsschreiber stand mit gewetzter Feder bereit –, jene schon vor Dreijahresfrist ekelerregende Maulhurerei ist ins Kleinlaute umgeschlagen, weil uns wieder einmal die Vergangenheit auf die Schulter klopft, uns als Täter, Mitläufer und schweigende Mehrheit kenntlich gemacht hat.

Nicht etwa, daß der Schreck uns verstummen ließ. Protest wurde laut, Erklärungen und Appelle fanden Unterschriften. Großkundgebungen sollten uns jüngst noch als widerstandsfähig ausweisen; doch jene Politik, die seit drei Jahren den nunmehr zutage tretenden Rückfall in deutsche Barbarei zu verantworten hat, ist sich – weil unbeirrbar –

treu geblieben; weiterhin wird das individuelle Grundrecht auf Asyl – ein Schmuckstück unserer Verfassung! – zu Markte getragen, auf daß dem Volksempfinden, das chronisch gesund zu sein hat, Genüge getan werde; weiterhin wird der Prozeß der Einheit ohne Einigung als wiederholte, diesmal sozial deklassierende Teilung betrieben; und weiterhin sind weder Regierung noch Opposition willens oder fähig, den schamlosen Ausverkauf der Konkursmasse DDR zu beenden und anstelle dessen einen Lastenausgleich wirksam werden zu lassen.

Der war von Anbeginn und wäre weiterhin rechtens, denn in ihrem ausgebeuteten Zustand, eingemauert, bespitzelt und ständig bevormundet, als zu kurz gekommene Deutsche, haben die Bürger der DDR über vierzig Jahre lang bezahlen müssen, stellvertretend für die Bürger der Bundesrepublik zahlen und draufzahlen müssen. Ihnen stand nicht das Glück der Option für westliche Freiheit offen. Nach ungerechtem Maß haben nicht wir für sie, nein, sie für uns die Hauptlast des von allen Deutschen verlorenen Krieges getragen. Diese Einsicht hätte, gleich nachdem die Mauer gefallen war, Vorrang haben müssen. Das – und nicht abermalige Bevormundung – wären wir ihnen schuldig gewesen.

Deshalb – und weil mich diese ungerechte Verteilung der Lasten seit Beginn der sechziger Jahre wiederholt zum Reden gebracht hat – habe ich am 18. Dezember 1989, auf dem Parteitag der SPD in Berlin, einem »weitreichenden Lastenausgleich, fällig ab sofort und ohne weitere Vorbedingungen« das Wort geredet und als Finanzierung die rigorose Kürzung der Militärausgaben und eine sozial gestaffelte Sondersteuer vorgeschlagen; doch glaubten meine Genossen damals, Willy Brandts schöner Verheißung »Jetzt wächst zusammen, was zusammengehört« so wundergläubig wie untätig folgen zu können, wenngleich sich schon wenige Wochen nach dem Fall der Mauer erkennen ließ, daß nichts aus sich heraus wachsen wollte, entsetzlich viel jedoch zu wuchern begann. Nach über vierzig Jahren Trennung ist einzig die Last schuldhafter Vergangenheit uns Deutschen gemein; selbst die Sprache versagt Verständnis.

Als ich meine Rede vom »Deutschen Lastenausgleich« beendet hatte, wurde sie von kurzem Beifall erschlagen, doch fand sie immerhin ins Protokoll. Seitdem ist mir die vergebliche Dreinrede geläufig. Nur wenige Wochen später, am 2. Februar 1990, habe ich in Tutzing, während des Kongresses »Neue Antworten auf die deutsche Frage«, nach längerer Begründung die Forderung gestellt: »Wer gegenwärtig über Deutschland nachdenkt und Antworten auf die deutsche Frage sucht, muß Auschwitz mitdenken.«

Dieser Satz und weitere Überlegungen, die vor einer eilfertigen deutschen Einheit nach dem Ruckzuck-Anschlußverfahren warnten und für den Beginn eine Konföderation vorschlugen, lösten sogleich Empörung aus. Meine »Kurze Rede eines vaterlandslosen Gesellen« hatte den Nerv getroffen. Ich, der »selbsternannte Schwarzseher der Nation«, ich, der »notorische Feind der deutschen Einheit«, hätte, so hieß es, »Auschwitz instrumentalisiert« und das Selbstbestimmungsrecht der Deutschen durch diesen Rückgriff einschränken wollen.

Meine einheitstrunkenen Kritiker von damals seien heute gefragt, ob ihnen gegenwärtig und verspätet das Niederbrennen der sogenannten »jüdischen Baracke« in Sachsenhausen ein Licht gesteckt hat?

Meine Kritiker von damals, die sich allesamt auf den irrwitzigen Satz eines Bahnhofsvorstehers versteift hatten, »Der Zug ist abgefahren, und niemand kann ihn aufhalten«, sie alle seien heute darauf hingewiesen, in welch neuerliche Barbarei uns Deutsche ihr Eisenbahnerlatein geführt hat.

Vor latentem und offenem Antisemitismus und vor Pogromen, deren Opfer mit Vorzug Zigeuner sind, muß nicht mehr gewarnt werden. Auschwitz und Auschwitz-Birkenau, wo annähernd eine halbe Million Roma und Sinti ermordet wurden, werfen bereits ihren Schatten. Zigeuner werden heute in Deutschland abermals als asoziale Elemente eingestuft und sind permanent der Gewalt ausgesetzt. Doch keine politisch gestaltende Kraft ist erkennbar, die willens oder fähig wäre, dem wiederholten Verbrechen Einhalt zu gebieten.

Im Gegenteil: Es sind nicht nur und nicht zuallererst die Skinheads, die in telegenen Auftritten den demokratischen Konsens der Gesellschaft brechen; vielmehr waren es, begabt mit verbaler Schlagkraft, Politiker, die

Herren Stoiber und Rühe, die schon vor Jahr und Tag das Problem der Einwanderung und die Not der Flüchtlinge und Asylsuchenden als permanentes Wahlkampfthema ausgereizt haben. Sie stimulierten durch die Aufkündigung zivilisierten Verhaltens die sich sammelnden Rechtsradikalen zu Gewalttätigkeiten und Mordanschlägen. Ein vom Innenminister Seiters mit der rumänischen Regierung ausgehandeltes Abschiebeverfahren, das, genau besehen, vorsieht, zufluchtsuchende Roma zu deportieren, und die beständigen Anschläge auf den Asyl-Artikel im Grundgesetz sind mehr oder weniger verbrämte Vorformulierungen der Deutschland einigenden Parole: »Ausländer raus!«

Herr Rühe, der sich mittlerweile als Verteidigungsminister staatstragend gibt, hat meine Rollenbeschreibung seiner Tätigkeit als Generalsekretär der CDU, er sei »ein Skinhead mit Schlips und Scheitel«, als ihn langweilende

Wiederholung abgetan; er wird diesem Konterfei noch oft begegnen, weil der Terror nicht nur in seiner Wirkung erkannt, sondern auch im Lager der Verursacher beim Namen genannt werden muß. Denn wie soll diese Regierung ein Doppelspiel beenden, das sie mit Kalkül angestiftet und aus nackter Angst vorm Volksempfinden und dessen rigoroser Gesundheit inszeniert hat?

Die Bundesrepublik Deutschland und ihr Grundgesetz sind einem Abbruchunternehmen ausgeliefert, das sich gleichwohl als Hausverwaltung und treusorgend versteht. Wenn ein CSU-Politiker, der sich als Finanzminister ausgibt, unter seinen enormen Augenbrauen einen Blick in die Zukunft riskiert und erkennen will, daß künftige Wahlen nur rechts von der Mitte gewonnen werden können, wenn sich die FDP einen braunstichigen und volkstümlich grenzüberschreitenden Österreicher als Festredner ausleiht, wenn sich ein für die Rüstungslobby zuständiger Staatssekretär als Schirmherr für die runde Geburtstagsfeier der V2-Raketen nach Peenemünde begeben will – und nur Proteste aus dem Ausland haben ihm diese Reise verpatzt –, wenn all das, diese bundesweite Verlagerung der politischen Mitte nach rechts, dieser Rechtsrutsch, weiterhin nur als Stammtischgerede abgetan und nicht als existentielle Bedrohung begriffen wird, dann müssen wir Deutschen uns wieder als gefährlich werten – und zwar, bevor unsere Nachbarn mit uns als Gefahr rechnen.

Deshalb nenne ich einige der Biedermänner als Brandstifter beim Namen. Deshalb sehe ich den angeblichen Notstand des Staates einzig in der Regierung verwurzelt. Deshalb muß mein »Reden über Deutschland« frei sein von detailverliebten Betrachtungen und Ausflügen in vaterländische Gefühlslagen; vielmehr will ich das Fragezeichen wie einen Tiefbohrer ansetzen.

Ist dem deutschen Hang zur Rückfälligkeit kein heilsames Kraut gewachsen? Ist uns die

Wiederholungstat in Runenschrift vorgeschrieben? Muß uns Deutschen – wie zwangs-
läufig – alles, selbst das wunderbare Geschenk
möglicher Einigung, zur monströsen Spottge-
burt mißraten? Bleibt uns, denen so ange-
strengte Wortballungen wie »Trauerarbeit«
und »Vergangenheitsbewältigung« eingefal-
len sind, nun, aus anderer Extremlage, das
Knüppelwort »Gesinnungsästhetik« ange-
droht, mit dem unsere frischgewendeten Kul-
turbetriebswirte alles niedermachen, das sich
nicht der Ästhetik hübsch inszenierter Belie-
bigkeiten befleißigt? Ist uns, die wir immer
noch von letzten Ausflügen ins Absolute
beschädigt sind, noch immer kein ziviler, das
heißt humaner Umgang mit In- und Ausländern möglich? Was fehlt uns Deutschen bei
all unserem Reichtum?

Diese Fragen schrieb ich Ende August in
Dänemark nieder, in einem Land also, das

zwar nicht durch überbetonte Fremden-freundlichkeit auffällt, in dessen Gesellschaft jedoch Haß als ausgelebte Mordlust – wie in Hoyerswerda, Rostock, in hundert anderen Städten geschehen – nicht nachzuweisen, kaum denkbar ist, selbst nicht im Zustand übermäßiger Belastung.

Als im Frühjahr 1945 die Sowjetarmeen vor-rückten und viele tausend Deutsche über die Ostsee in das von der Wehrmacht besetzte Dänemark flüchteten, hat nach der bald fälli-gen Kapitulation des Großdeutschen Reiches kein noch so verständlicher Zorn oder gar Haß auf die Okkupanten die Dänen zu Gewalttätigkeiten gegenüber den deutschen Flüchtlingen verführt. Im Gegenteil: Selber Mangel leidend, haben sie dennoch ihre Feinde versorgt. Deren Rückkehr nach Deutschland verlief nicht als brutales Abschie-beverfahren. Ich könnte von west- und ostpreußischen Flüchtlingen berichten, denen nicht während ihres Aufenthaltes in Dänemark ihr Status und Dasein als Flüchtlinge bewußt gemacht wurde; wohl aber haben sie als Zwangseingewiesene in nord- und westdeutschen Gemeinden anhaltenden Haß als Fremdenfeindlichkeit erfahren. Schon damals hieß es: »Geht doch hin, wo ihr hergekommen seid!«

Den Dänen ist ihr hoher Grad an zivilisiertem Verhalten selbstverständlich. Darüber reden sie nicht, allenfalls ironisch in Nebensätzen. Wir jedoch haben den Zivilisationsbruch innerhalb der deutschen Gesellschaft – datiert als geschichtliche Zäsur auf das Jahr 1933 – bis heute nicht schließen können, bei allem Bemühen, trotz aller Beteuerungen.

Selbst Anfang der siebziger Jahre, als man hoffen mochte, es könne gelingen, diesen Bruch wenn nicht zu heilen, dann doch zu überbrücken, als durch reformerischen Schub unsere gesellschaftliche Rückständigkeit aufgeholt werden sollte, entsprachen die Haßparolen der Linksextremisten den Haßtiraden der Springer-Presse, begann der politische Mord mit dem Anschlag auf Rudi Dutschke Schule zu machen, wurden Gegner zu Feinden erklärt und blieb der Kniefall von Warschau bis in den Bundestag hinein der Häme ausgesetzt. Seit Konrad Adenauers Schmährede vom Herbst 1961, die den Emigranten treffen und verletzen sollte, ist Willy Brandt in Deutschland ein Fremder geblieben, fremd bis zu seinem Tod; kein feierlicher Staatsakt konnte darüber hinwegtäuschen.

Als der junge Mann aus Lübeck 1933 in Norwegen und später in Schweden um Asyl bat, wurde ihm Asyl gewährt. Der gestern auf dem Parteitag der SPD beschlossene Kompromiß hebt meine Besorgnis nicht auf. Jeder sozialdemokratische Bundestagsabgeordnete, der demnächst bereit wäre, das unsere Verfassung auszeichnende Grundrecht auf Asyl durch Zusätze einzuschränken, muß wissen, daß er damit rückwirkend alle Emigranten, die toten, die noch lebenden, trifft, alle, die Deutschland verlassen mußten und in Skandinavien und Mexiko, in Holland, England, in den USA Zuflucht fanden. Deshalb könnte die Schmälerung des Asylrechts, sollte diese im Bundestag eine Zweidrittelmehrheit finden, den Bruch mit der Geschichte der deutschen Sozialdemokratie zur Folge haben.

Ein Bruch mehr, mag manch einer sagen, das zählt nicht. Wir Deutschen sind nun mal schicksalhaft vielfach gebrochen. Mit Brüchen und Spaltungen zu leben, sind wir geübt. Zerstückelt zu sein, war für uns – spätestens seit dem Dreißigjährigen Krieg – der Normalzustand. Und Ostelbien hat es, vom Rhein aus gesehen, schon immer gegeben. Das Bruchstückhafte, Zwiespältige, das sozusagen Hamlethafte gehört zu uns, weshalb wir auch ohne

Unterlaß nach Einheit streben, zumeist vergeblich oder um einen zu hohen Preis.

Demnach hieße deutsch sein, gespalten sein, in jeder Seins- und Bewußtseinslage. Zugleich hieße deutsch sein, unter fehlender Einheit zu leiden, weshalb wir dauerhaft mit uns selbst beschäftigt sind; zum Spott unserer Nachbarn, die andere, weniger gefährliche Unarten pflegen.

Ich halte nichts von solchen Verkürzungen, so handlich sie sein mögen, denn die Westdeutschen haben kaum unter der Teilung des Landes gelitten, sie eher durch Ignoranz gefördert. Gegen Ende der Zweistaatlichkeit begannen sie sogar am Sinn jenes Nationalfeiertages zu zweifeln, dessen Rhetorik einen führungslosen Arbeiteraufstand in eine Volkserhebung umgemogelt hatte. Eher ängstigte die Westdeutschen der plötzlich drohende Anschluß, ahnte man doch, allen Kanzlerlügen zum Trotz, die Kosten. Nein, wir waren

nicht auf Einheit versessen; vielleicht miß-
trauisch aus der geschichtlichen Erfahrung
heraus, daß die Einheit uns Deutschen immer
nur Unglück gebracht hat.

Übrig bleibt eine meiner dänischen Ferien-
notizen, die ich aus Anlaß dieser Rede bald
nach dem alles nivellierenden Doppelereignis
– Olympiade plus Sarajewo – notiert habe und
deren Kürze – Wir Deutschen sind ohne Maß!
– nach erklärenden oder dem Kurzbefund
widersprechenden Erweiterungen verlangt.

Sind wir, deren haushälterisches Sicher-
heitsstreben aus ausländischer Sicht bewun-
dert wird, wirklich so ganz ohne Maß? Wider-
spruch bietet sich an. Gibt es nicht französi-
sche und amerikanische Politologen und
Historiker – etwa Alfred Grosser und Fritz
Stern – die uns, auf Anfrage, ein befriedigend
benotetes Reifezeugnis ausgestellt haben?

Haben wir nicht, was den Westen des Landes betrifft, während vierzig Jahre anhalten-

der demokratischer Dauerschulung einen beispielhaft sozialen Konsens gefunden, der den ideologischen Anspruch »Soziale Marktwirtschaft« zu bestätigen schien?

Sind wir nicht bis zum Zeitpunkt der Rückgewinnung unserer nationalen Souveränität eher behutsam und uns kleinmachend im Ausland aufgetreten? Der wirtschaftliche Riese als politischer Zwerg; weshalb auch Sprüchen wie »Wir sind wieder wer!« und vergleichbarer Großtuerei sogleich begütigende Relativierung und Ermahnungen zur Bescheidenheit folgten.

Waren wir nicht bemüht, jeder NATO-Weisung im Sinne der Vorwärtsverteidigung sogleich und als erste untertänig zu sein?

Haben wir nicht bis zur Historikerdebatte – das war kurz vor der Einheit – die Last der Vergangenheit, den deutschen Schuldkomplex und die Schande nicht verblassender Stigmatisierung geduldig getragen, freilich hoffend, daß all das eines Tages ausgetragen sein möge?

Und sind wir nicht insgesamt den Wörtern »ordnungsliebend, sozial verträglich, kompromißbereit und ausgewogen« geneigter als den auftrumpfenden Forderungen »Entweder oder!« und »Koste es, was es wolle!«?

Sicher ist richtig, daß sich die Bürger der Bundesrepublik Deutschland durch Eigeninitiative und jeweils im Vorfeld ihrer Parteien und Interessenverbände dem Anschein nach zivilisiert hatten; selbst der barsche Amtsstuben- und Behördenton, der beiderseits der Barriere den Untertan zur Voraussetzung hatte, mußte sich der Aufforderung »Seid nett zueinander« bequemen. Man ging zivil miteinander um. Das Wort »Streitkultur« wurde in Umlauf gesetzt. Die Vergangenheit blieb schulpflichtig Thema. Zwar gab es etliche Alt-Nazis, die ewig Gestrigen, doch als Ende der sechziger Jahre der NPD, einer rechtsradikalen, zumeist ältere Jahrgänge versammelnden Partei, der Einzug in etliche Landesparlamente gelang, stand ihr eine demokratische Linke gegenüber, die dieses rechte Potential in offener und gewaltloser Auseinandersetzung bis zur Bedeutungslosigkeit reduziert hat: Vorbei war der Spuk, das rechte Lager verkrümelte sich.

So sah es aus. Die DDR, von Staats wegen und kraft Behauptung antifaschistisch, sah sich um einen Triumph gebracht. Man konnte hoffen, einen letzten Rückfall überstanden zu haben. Der nachgeborenen Generation bot sich ein demokratisches Gehege an, das, reich bestückt mit Abenteuerspielplätzen und beheizten Schwimmbädern, Diskotheken und soziologischen Gutachten, genügend komfortablen Auslauf bot und deshalb eine Entwicklung versprach, die friedfertig und tolerant auf jugendorientierten Konsum setzte. Harmlos wechselten die Moden, und nur dem Zeitgeist wurde geopfert.

Doch schon vor dem Fall der Mauer und der alsbald ruckzuck vollzogenen Einheit erwies sich der Anschein, endlich sei Deutschland, zumindest sein westlicher Großteil, geläutert, als trügerisch. Aber erst der Anschluß der Konkursmasse DDR samt totem und lebendem Inventar an die Handelsketten und Energieverbände, an die Banken und Versicherungskonzerne der Bundesrepublik, erst das »Einig-Vaterland« genannte Gelegenheitsschnäppchen machte die Selbsttäuschung zunichte, ließ den gesamtdeutschen Schwindel auffliegen und gab dem Hang zur Maßlosigkeit – kaum waren wir souverän – abermals Auftrieb.

Sogleich erwies sich der mühsam erkämpfte soziale Konsens als brüchig. Brav antrainierte Bescheidenheit wurde als kleinkariert und provinziell denunziert; seitdem wird wieder großmäulig geklotzt. Staatstragende Zeitungen riefen dazu auf, die Last deutscher Vergangenheit – bis dahin schmerzlicher Teil unseres Selbstverständnisses – endlich abzuwerfen und nach vorne, nur noch nach vorne zu schauen.

Und weil sich angesichts der zerfallenden Sowjetunion das westliche Lager, mithin der Kapitalismus, als Sieger über den Kommunismus ausgab, schlugen wir uns gesamtdeutsch und wie geübt auf die Siegerseite, entschlossen, klare Verhältnisse zu schaffen: Keinen Dritten Weg oder gar Demokratischen Sozialismus durfte es mehr geben. Verzicht auf Utopie wurde wie eine Wurmkur verschrieben. Selbst wo kein Markt nachzuweisen war, wollte mit dogmatischer Borniertheit die Freie Marktwirtschaft herrschen. Und jene demokratische Linke, die sich am deutlichsten, zwar ohne blindmachenden Haß, doch mit Argumenten gegen den Kommunismus ausgesprochen hatte, sie, diese in sich zerstrittene Linke, die dennoch, im Sinne eines tätigen Verfassungspatriotismus, der sicherste Schutz gegen rechtsradikale Anfälligkeiten der bundesrepublikanischen Gesellschaft gewesen war, sie sollte gleichfalls, der klaren Verhältnisse wegen, vom Tisch gewischt werden.

An Saubermännern hat es in Deutschland noch nie gefehlt, doch selten ist ein Säuberungsprozeß so fachkundig besorgt worden; waren und sind es doch mit Vorzug ehemalige Kommunisten und reuige Maoisten, die dieses Geschäft besorgten und weiterhin in Gang halten. Schon sind sie dabei, nach Art und Methode der Jakobiner, belastbare Laternenpfähle wieder in Mode zu bringen, desgleichen ein mittelalterliches Relikt, den Pranger. Und weil niemand wie sie die Disziplin der öffentlichen Selbstanklage beherrscht, ist dem deutschen Denunziantenwesen eine stabile Konjunktur sicher. – Gott oder sonst wer schütze uns vor dem Eifer der Konvertiten!

Seitdem diese Säuberung die Feuilletons belebt und während Podiumsdiskussionen für Höhepunkte gesorgt hat, gibt es die demokratische Linke nur noch als beschworenes Gespenst oder allenfalls in Gestalt einiger zum Fossil degradierter Einzelgänger. Eines dieser restlichen Exemplare spricht heute zu Ihnen. Ich habe mich umgesehen, Ausschau gehalten: Die Linke ist zermürbt. Der Dritte Weg ist vernagelt. Die letzten Verfassungspatrioten sind demnächst im Zoo zu bestaunen. Doch bleibt zu fragen: Welche politische Kraft sieht sich gegenwärtig in der Lage, diese mutwillig geschaffene Lücke zu füllen und dem rechten Terror zu widerstehen?

Die bürgerliche Mitte wohl kaum. Anfällig für herbeigeredete Ängste und das Stoibersche Menetekel, »die drohende Durchrassung des deutschen Volkes«, wie die Hölle auf Erden fürchtend, sieht sie dem rechten Terror zwar geniert – »Was wird das Ausland dazu sagen? Die Investoren bleiben uns weg!« –, doch mit grundsätzlichem Verständnis zu. Streibls Beschwörung einer »multikriminellen Gesellschaft« und Waigels Weisung, »zukünftige Wahlen werden nur rechts von der Mitte zu gewinnen sein«, sind nicht ins Leere hinein gesprochen worden.

Als am 3. Oktober, dem Einheitstag, rechtsradikale Horden durch Dresdens Straßen zogen und »Juda verrecke!« riefen, gab ihnen die örtliche und die aus Westdeutschland herbeigerufene Polizei schützendes Geleit, während gleichzeitig in Schwerins Straßen etwaige Protestierer gegen den Kanzler der Einheit, der seine historische Größe in Schwerins Stadttheater feierte, vorsorglich weggefangen wurden. Man muß hier in München, wo vor nicht langer Zeit einige Dutzend linke Trillerpfeifen die geballte Polizeigewalt in Aktion gesetzt haben, nicht vor Weimarer Zuständen warnen, um die rechtslastige

Schwäche der vergrößerten Bundesrepublik zu erkennen.

Wieder einmal sind wir wie ohne Maß. Meine dänische Notiz, die sich gegen Ende August noch als fragende Vermutung aussprach, ließe sich gegenwärtig durch weitere, jeder parlamentarischen Kontrolle enthobene Maßlosigkeiten bestätigen. Ich nenne, als allzu dienstwilligen »Spiegel«-Lieferanten, die Gauck-Behörde, die, je nach Gusto, die Büchse der Pandora öffnet und so – gewiß ungewollt – die Arbeit des Staatssicherheitsdienstes der DDR fortsetzt: Jetzt endlich zahlt sich der Fleiß des STASI aus, jetzt endlich wirkt sein Langzeitgift. Die einst gültige und zivilisierte Regel, »Im Zweifel für den Angeklagten«, ist ins Gegenteil gekehrt worden: Schon der Verdacht spricht schuldig.

Als weitere Maßlosigkeit nenne ich den zentralistischen Alptraum Treuhand, nach dessen Übermaß menschliche Existenzen ausgesiebt werden. Nichts hat uns gezwungen, diese mittlerweile selbsttätigen Monstren in die Welt zu setzen. Oder was hat uns gezwungen, so erbarmungslos mit beschädigten, wiederholt gedemütigten Menschen umzugehen? Wollen wir Westdeutschen uns an ihnen, den Ossis, beweisen? Sollen sie büßen, weil wir uns unsere Globke und Kiesinger, zudem Tausende NS-Juristen geleistet haben? Sollen sie, unsere vielberufenen »armen Brüder und Schwestern«, wiedergutmachen, was uns unter der Sonne des Wirtschaftswunders mißraten ist?

Um bei der deutschen Maßlosigkeit zu bleiben: Welch Ausmaß an Selbstgerechtigkeit schlägt hier zu Buche!

Ich sagte es anfangs: In diesem Sommer, der hart war und auf Dürre bestand, hatten auf unserer Ferieninsel die Graugänse ihren Flugbetrieb eingestellt. Nichts lenkte ab. Auf meinem Papier ließ sich jener Rest Bitterkeit nicht aussparen, der nach zwei Jahren Einheit als Bodensatz geblieben ist. Darum bestehen meine dänischen Notizen darauf, daß ich nun von mir spreche, von Deutschland und mir. Wie ich dieses Land nicht loslassen wollte. Wie dieses Land mir abhanden gekommen ist. Was mir fehlt, und was ich vermisse. Auch was mir gestohlen bleiben kann.

Deshalb steht meine Rede unter dem Titel: Rede vom Verlust.

Die Reihe ist lang und will auf einige beispielhafte Anzeigen verkürzt werden. Es begann mit dem Verlust der Heimat. Doch dieser Verlust war, so schmerzlich er blieb, als begründet einzusehen. Deutsche Schuld, das heißt ein verbrecherisch geführter Krieg, der Völkermord an Juden und Zigeunern, Millionen ermordeter Kriegsgefangener und Zwangsarbeiter, das Verbrechen der Euthanasie, zudem das Leid, das wir als Okkupanten unseren Nachbarn, besonders dem polnischen Volk, zugefügt haben, all das führte zum Verlust der Heimat.

Verglichen mit Millionen Flüchtlingen, denen es in der Regel schwerfiel, weiter westlich heimisch zu werden, war ich gut dran. Ich konnte mit Hilfe der Sprache diesen Verlust zwar nicht wettmachen, doch, Wörter wie Bruchstücke fügend, zu etwas gestalten, dem der Verlust ablesbar wurde.

Die meisten meiner Bücher beschwören die untergegangene Stadt Danzig, deren gehügelte wie flache Umgebung, die matt anschlagende Ostsee; und auch Gdańsk wurde im Verlauf der Jahre zu einem Thema, das fortgeschrieben sein wollte. Verlust machte mich beredt. Nur was gänzlich verloren ist, fordert mit Leidenschaft endlose Benennungen heraus, diese Manie, den entschwundenen Gegenstand so lange beim Namen zu rufen, bis er sich meldet. Verlust als Voraussetzung für Literatur. Fast neige ich dazu, diese Erfahrung als These in Umlauf zu bringen.

Zudem hat der Verlust der Heimat mich frei gemacht für Bindungen anderer Art. Der allem Heimatlichen eingeborene Zwang, seßhaft sein zu müssen, ist aufgehoben. Geradezu leichtfertiges Vergnügen am Ortswechsel gibt Neugierde auf das Fremde frei. Dem Heimatlosen sind die Horizonte weiter gespannt als den Bewohnern kleiner und größerer Erbgrundstücke. Da keine Ideologie meinen Verlust übersteigerte – denn nichts Urdeutsches ging verloren; nichts Urpolnisches wurde zurückgewonnen –, bedurfte ich nicht der nationalen Krücke, um mich als Deutscher zu begreifen.

Andere Werte wurden mir wichtig. Deren Verlust ist schwerer zu akzeptieren, weil sie eine nicht aufzufüllende Lücke hinterlassen.

Zwar war ich es gewohnt, mit meinem geschriebenen und gesprochenen Wort umstritten zu sein, doch habe ich während der letzten drei Jahre, das heißt, solange ich mich zum von Anbeginn mißglückten Prozeß der deutschen Einheit kritisch geäußert und Warnungen vor diesem gedankenlosen Ruckzuck-Verfahren zur Litanei geknüpft habe, schließlich erkennen müssen, daß ich ins Leere sprach und schrieb. Mein Patriotismus, dem nicht der Staat, vielmehr dessen Verfassung wichtig ist, war unerwünscht.

Nicht mir allein ging es so. Ich vermute, daß diese Erfahrung Jürgen Habermas und Walter Jens, Christoph Hein und Friedrich Schorlemmer sowie all jenen als Verlust spürbar ist, die mit Wolfgang Ullmann und dem »Kuratorium für einen demokratisch verfaßten Bund deutscher Länder« vergeblich versucht haben, das Gebot des mittlerweile gestrichenen Schlußartikels im Grundgesetz, 146, einzulösen; ein Gebot, das zwingend vorschrieb, im Falle der Einheit dem deutschen

Volk eine neue Verfassung zur Abstimmung vorzulegen.

Diese Chance ist vorbei und vertan. Chefjournalisten, die vormals dem hastigen Anschluß das Wort geredet und das Gebot der neuen Verfassung als nichtig gewertet haben, sie, die mitverantwortlich sind für das nationale Unglück der verpfuschten Einheit, sind bis heute nicht bereit, ihre trügerischen Eisenbahnersignale und die Verweigerung einer rechtzeitigen Verfassungsdebatte als folgenreiche Trugschlüsse zu erkennen. Denn nach wie vor rührt sich nichts oder nur wenig: Einzig als Parteiensache – unter Ausschluß der Öffentlichkeit –, irgendwo im Verborgenen vertagt sich eine Verfassungskommission. Doch zugleich fehlt es nicht an Fleiß, das ohnehin gebeutelte Grundgesetz weiterhin in seiner Substanz zu schmälern.

Zugegeben: Dieses Reden ohne Echo ist mir eine neue und auf Dauer nicht besonders stimulierende Disziplin. War es mal anders? Gewiß! Wenige Jahre lang, als Willy Brandt Bundeskanzler war und versuchte, die Ankündigung seiner ersten Regierungserklärung, »Mehr Demokratie wagen!«, umzusetzen. Schon der Regierende Bürgermeister von Berlin hatte, mit Hilfe seiner Frau Rut, zu Gesprächen eingeladen, die auf Kritik bestanden und oft genug das eng gewordene Berliner Selbstverständnis sprengten. Der anstrengende, weil in der Regel fordernde Umgang mit Intellektuellen war Willy Brandt selbstverständlich. Und mit ihm setzten Karl Schiller und Adolf Arndt auf Gespräche, denen nicht mit dem bloßen Benennen von Sachzwängen die Grenze gezogen war. Der waghalsige, mittlerweile zur bloßen Floskel verkommene Begriff »politische Kultur« wurde eine Zeitlang gelebt, das heißt, wir hörten einander zu;

eine Tugend, die bei Willy Brandt zu erlernen war.

Als Siegfried Lenz und ich im Dezember 1970 den Kanzler nach Warschau begleiteten, empfanden wir uns nicht als Dekoration, nein, gerade weil Lenz und ich den Verlust unserer Heimat akzeptiert hatten, trugen wir die Anerkennung der polnischen Westgrenze mit. Stolz auf Deutschland? – Ja doch, rückblickend bin ich stolz, in Warschau dabeigewesen zu sein.

Übrigens waren es nicht nur Brandt und sein engerer Kreis, die diese Form politischer Kultur belebten; jener Gustav Heinemann, der als frischgewählter Bundespräsident die erste Fangfrage eines Journalisten, »Lieben Sie den Staat?«, beispielhaft knapp, »Ich liebe nicht den Staat, ich liebe meine Frau!«, beantwortete, ging gleichfalls wie selbstverständlich mit Intellektuellen um, gelegentlich sogar beim Skatspiel.

Wenn ich diese kurze und dennoch nach-
haltig prägende Zeit zu beschwören versuche,
spreche ich von etwas Verlorenem. Etwas
blieb einmalig, das auf Fortsetzung angelegt
war. Mit seinem Tod hat mir Willy Brandt diesen Verlust noch spürbarer gemacht.

Und weitere Verlustanzeigen: Was ist aus
der Vielfältigkeit öffentlicher Meinung
geworden? Wie rauschte es im deutschen
Blätterwald, als »Der Spiegel« noch war, was
er versprach: zum Beispiel eine deutliche
Alternative zur Springer-Presse. Zwar gleich-
gestimmt im Wirtschaftsteil, unterschied sich
»Die Zeit« dennoch durch ihren radikal libera-
len Anspruch von der konservativen Statik
der »Frankfurter Allgemeinen Zeitung«.
Heute sind die Feuilleton-Redakteure der
genannten Gazetten austauschbar; sie wider-
sprechen einander nur noch kokett in Nebensätzen. Die selbstgerechte Abrechnung mit
der demokratischen Linken gehört inzwi-

schen zum guten Ton. Sogar in der »Frankfurter Rundschau« darf diese Tonlage gelegentlich Lücken büßen. Deutschland, einig Feuil-
leton! ließe sich ersatzweise rufen, nachdem
das vielberufene Vaterland wieder mal uneins
ist.

Natürlich gibt es Ausnahmen. So haben
sich aus den Restbeständen der einst gleichge-
schalteten DDR-Presse einige Journale
gemausert; doch wer liest schon im Westen
die östliche »Wochenpost«. Wenn aber die
ohnehin durch Konzernbildung gefährdete
öffentliche Meinung überdies durch politische Anpassung ihren Widerspruchsgeist auf-
gibt, wird ein Verlust spürbar, den auf Dauer
keine Demokratie aushält.

Über diesen Zusammenhang in München
zu sprechen und dabei die »Süddeutsche Zeitung« auszusparen, wäre unhöflich. Zugegeben: Noch hält sie sich, noch. Doch wer liest
schon im Osten der Republik dieses überre-

gionale Blatt, dem – komme, was wolle – Bayern näher als Brandenburg sein muß.

Vielleicht macht das letzte Beispiel deutlich, wie fremd die Deutschen einander sind. Sie nehmen sich nur widerwillig zur Kenntnis. In der zwischen Ost- und Westdeutschen verhärteten Fremdheit sehen sich Mecklenburger und Sachsen dort, Rheinländer und Schwaben hier entrückter denn je. Selbst Niederdeutsche und Süddeutsche bleiben sich, die Mainlinie bestätigend, fremd.

Diese Abgrenzungen sind Ergebnis unserer beharrlich den Separatismus fördernden und nur selten und zumeist widerstrebend nach Einheit verlangenden Geschichte. Doch vielleicht ist solch mannigfaltiges Fremdeln der Preis für die kulturelle Vielfalt des gesamten Landes, das bei Staats- und Sportereignissen Deutschland genannt werden will.

Dem entspricht zu Recht unser föderalistisches Gefüge. Dieses sichert nicht nur die befremdenden, sondern auch die belebenden Unterschiede und behütet mit dem Eifer zäunesetzender Kleingärtner unseren kulturellen Reichtum, dem vom Laientheater bis zur Ruinenpflege jederzeit Subventionen gewiß sind.

Unser Grundgesetz will das so. Doch hat der Föderalismus, diese kluge Versicherung der Deutschen gegen sich selbst, im Verlauf des jüngsten Einigungsprozesses Schaden genommen. Nicht etwa, daß irgendwo die Länderhoheit aufgehoben worden wäre, vielmehr ist es der altdeutsche Separatismus, mithin der angestammte Eigennutz der Länder, das ängstliche Verharren im eigenen Mief und diese nur noch um Zuschüsse und Ausgleichszahlungen feilschende Selbstsucht, die den deutschen Föderalismus um jene politisch gestaltende Kraft gebracht hat, die der Bundesregierung und der Opposition im bisherigen Verlauf des Einigungsprozesses ohnehin gefehlt hat. Wenn aber der Föderalismus als

Korrektiv im Verhältnis zum Bund versagt, ist der Liste aller bisher gereihten Verluste ein weiteres Minus vorgeschrieben.

Ich scheue mich nicht, den Beschluß des Bundestages, das hauptstädtische Inventar von Bonn nach Berlin zu verlagern, und die verschleierte Aufhebung dieses Beschlusses durch die gängige Bonner Praxis ein Affentheater zu nennen, dem die Bundestagspräsidentin als Dompteuse gefällig zu sein hat. Die Medien spielen mit. Das teure Gehäuse für zukünftige Debatten und Fensterreden ist eingeweiht. Stinknormal geht, laut Gewohnheitsrecht, alles weiter. Doch östlich der Elbe liegt das Kind im Brunnen und schreit.

Selber reingefallen und schreit. Was soll dieses Plärren? Wer will da mehr, immer mehr? Da hört man schon nicht mehr hin!

Einzig die brandenburgische Sozialministerin Regine Hildebrandt hat Stimme genug, dem schreienden Kind zumindest zeitweilig

Gehör zu verschaffen. Sie nennt das anhaltende Unrecht beim Namen. Diese Frau sprengt, sobald sie auftritt, die Mattscheibe. Sie straft die landesübliche Ausgewogenheit Lügen. Ihre Penetranz ist erfrischend, ihre Rede leidet nicht unter Glätte. Wer, wenn nicht Regine Hildebrandt, wäre berufen, des jetzigen Bundespräsidenten Nachfolgerin zu werden!

Doch könnten wir diese Frau aushalten? Wäre ihre Art Charme unserer Schleiflackästhetik zuzumuten? Hätten wir den Mut, Regine Hildebrandt zu ertragen, ihre fordernde Leidenschaft, die das abermals gespaltene Land zur Einigung zwänge?

Oder sind wir Deutschen uns selber so fremd geworden, daß wir nicht mehr von uns und unseren Besitzständen absehen können? Und ist – dringlich befragt – das eingefleischte Fremdsein zwischen den Deutschen womöglich die Ursache für den gegenwärtigen, das

Land gesamtdeutsch mit Schande bedecken-
den Haß angesichts Fremder, die wir Ausländer nennen?

Rostock im Radio: Deutschlandfunk. Die
dänische Ferieninsel bot meiner Wut Auslauf;
später versuchte ich, sie mit kalter Nadel in
Kupferplatten zu übertragen: Zeichen setzen
als Notbehelf.

Doch wenn die Wut auch nachließ, übrig
blieben Trauer und Zorn. Und ihnen entspre-
chend, reihten sich Notizen als Fragesätze:
Was habt Ihr mit meinem Land gemacht? Wie
wurde dieser Einheit genannte Pfusch möglich? Welche Bierlaune hat die wählenden
Bürger dazu verführt, diese schwierige, nach
politischer Gestaltung verlangende Aufgabe
einem Bilanzfriseur und einem Steuerlügner
zu übertragen? Wie konnte es dazu kommen,
daß den Bange-, Hauss- und Möllemännern,
mithin der Mißwirtschaft freie Hand gelassen

wurde? Wessen schlaue Regie hat das mit sich uneinige Land als Thema dem allabendlichen Talkshowgebrabbel untergeschoben? Welcher Stumpfsinn hat uns angestiftet, den Zuwachs von sechzehn Millionen Deutschen nach Art der Kleinkrämer zu verrechnen und dem Unrecht des Realsozialismus das hausgemachte Unrecht des Kapitalismus draufzusatteln? Was fehlt uns Deutschen, um – wenn schon nicht gegenüber Ausländern –, dann doch in eigener Sache human zu handeln? Was mangelt uns Deutschen?

Vielleicht fehlen uns diejenigen, die wir fürchten, weil sie fremd sind und fremd aussehen. An denjenigen herrscht Mangel, denen wir aus Furcht mit Haß begegnen, der dann in Gewalt umschlägt, mittlerweile alltäglich.

Und vielleicht fehlen diejenigen uns besonders, die in abschätziger Werteskala tiefzuunterst zu finden sind: die Roma und Sinti, herkömmlich Zigeuner genannt.

Ihnen steht niemand zur Seite. Kein Abgeordneter vertritt andauernd ihre Sache, das heißt ihre Not, im Europa-Parlament oder im Bundestag. Kein Staat, auf den sie sich berufen könnten und der gewillt wäre, ihre seit Auschwitz berechtigten Forderungen, die, erbärmlich genug, Wiedergutmachung genannt wurden, zu unterstützen und zur Staatssache zu erklären.

Die Roma und Sinti sind das Letzte. »Abschieben!« sagt Herr Seiters und macht sich Rumänien gefügig. »Ausräuchern!« brüllen die Skinheads und liefern Herrn Seiters handfeste Argumente für sein Abschiebeverfahren. Doch in Rumänien und anderswo sind Zigeuner gleichfalls das Letzte.

Warum eigentlich?

Weil sie anders sind, schlimmer noch: anders als anders. Weil sie klauen, unruhig hin und her zigeunern, den bösen Blick haben und überdies von jener befremdlichen Schönheit sind, die uns häßlich aussehen läßt. Weil sie unser Wertesystem durch bloße Existenz in Frage stellen. Weil sie allenfalls für Opern und Operetten taugen, doch eigentlich – auch wenn das schlimm klingt und an irgend etwas Schlimmes erinnert – asozial, abartig, unwert sind.

»Abfackeln!« brüllen die Skinheads.

Als vor sieben Jahren Heinrich Böll zu Grabe getragen wurde, führte vorm Sarg und den Sargträgern – das waren, außer den Böll-Söhnen, Lew Kopelew, Günter Wallraff und ich – eine Zigeunerkapelle den Zug der Hinterbliebenen auf dem Weg zum Friedhof an. Böll hatte das so gewollt. Keine andere Musik als diese abgrundtraurige, dann plötzlich verzweifelt lustige sollte seine letzte sein.

Erst heute verstehe ich Heinrich Böll so umfassend, wie er es unausgesprochen gemeint haben könnte.

Laßt sie kommen und bleiben, wenn sie bleiben wollen; sie fehlen uns.

Laßt eine halbe Million und mehr Roma und Sinti unter uns Deutschen sein; wir haben sie bitter nötig.

Schaut auf das kleine Portugal, wo, trotz der vielen Flüchtlinge aus den ehemaligen Kolonien, Tausende Zigeuner wie selbstverständlich zum Land gehören.

Laßt euch, ihr harten Deutschen, endlich erweichen und gebt den Skinheads eine Antwort, die nicht von Angst verzeichnet, sondern mutig, weil menschlich ist.

Hört endlich auf, die Zigeuner auf eingefahrener Spur abzuschieben.

Sie könnten uns behilflich sein, indem sie unsere festgefügte Ordnung ein wenig irritieren. Etwas von ihrer Lebensweise dürfte getrost auf uns abfärben. Sie wären Gewinn für uns nach so viel Verlust. Sie könnten uns lehren, wie nichtig Grenzen sind; denn die Roma und Sinti kennen keine Grenzen. Die Zigeuner sind überall in Europa zu Hause, sie sind, was wir zu sein vorgeben: geborene Europäer!